DE LA RÉPUBLIQUE
D'HAÏTI,
ÎLE DE SAINT-DOMINGUE.

DE LA RÉPUBLIQUE

D'HAÏTI,

ÎLE DE SAINT-DOMINGUE,

CONSIDÉRÉE

Sous ses différents rapports, ses forces, ses moyens physiques et moraux, et le caractère national de ses habitants.

Observations faites sur les lieux par M. A. Rouzeau (du Loiret) dans son voyage de 1817 à 1818.

PARIS,

DE L'IMPRIMERIE DE FIRMIN DIDOT,

IMPRIMEUR DU ROI, DE L'INSTITUT, ET DE LA MARINE, RUE JACOB, N° 24.

1818.

DE LA RÉPUBLIQUE
D'HAÏTI,
ÎLE DE SAINT-DOMINGUE,
CONSIDÉRÉE

Sous ses différents rapports, ses forces, ses moyens physiques et moraux, et le caractère national de ses habitants.

Observations faites sur les lieux par M. A. ROUZEAU (du Loiret) dans son voyage de 1817 à 1818.

LA partie de Saint-Domingue, constituée en république, dont Pétion est le président, comprend les parties de l'ouest et du sud, dont le Port-au-Prince, sa capitale, les Cayes, Léogane et Jacmel sont les villes principales et les principaux marchés de cette république. Ce nouveau gouvernement est décidé à soutenir et faire reconnaître son indépendance. Déjà, par une délibération prise en conseil secret du cabinet de sa majesté britannique, l'Angleterre a tacitement reconnu cette indépendance. J'en ai acquis la certitude par l'aveu qui m'en a été fait confidentiellement. Il est d'ailleurs indiqué dans le N° Ier du journal de l'Abeille-Haïtienne, page 8, alinéa second, et plus particulièrement encore dans le N° 2 du même journal, pag. 3, art. 3, alinéa 1er. Il n'y a pas à s'y méprendre. Les avantages que l'Angleterre a sur les autres nations dans le prix des droits d'importations et d'exportations; la protection toute particulière que le pavillon anglais et le commerce de cette nation reçoivent de Haïti; la multiplicité des établissements anglais sur les chefs-lieux de cette république, en sont les résultats. La France aurait pu prévenir, atténuer ces mesures politiques, et tourner à son avantage celles que l'Angleterre en retire. J'ai parcouru, j'ai vu, j'ai observé; je n'ai rien de satisfaisant à annoncer dans l'intérêt de la France, comme dans ceux des ex-habitants et propriétaires de Saint-Domingue.

Les colons peuvent maintenant faire le deuil de leurs propriétés; les choses en sont au point d'en désespérer. — Ce serait les abuser que de leur donner de l'espérance. Toutes les propriétés sont aliénées, morcelées. Chacun de ceux qui ont rendu quelque service à ce gouvernement, hommes de couleur, ou noirs, ou blancs, habitant la colonie avant la constitution de 1806, et sans interruption, sont aujourd'hui propriétaires; les autres Haïtiens ont acheté de leur gouvernement. Cette belle plaine du Port-au-Prince, celles non moins intéressantes de

Léogane et des Cayes, jadis si bien cultivées, si bien meublées, maintenant en savannes ou à-peu-près, se défrichent sur presque tous les points. Quoi qu'il en soit, la culture, qui ne peut s'étendre que lentement, n'atteindra de plusieurs siècles, peut-être jamais, l'état florissant et de produit du passé. Les bras ne manquent pas, mais ne s'emploient pas, ou s'emploient très-peu. Cet état de choses doit donner matière à la France à de nouvelles combinaisons, à de nouvelles mesures que je développerai.

La France est hors d'état de rien entreprendre sur ce pays; on le ferait sans utilité pour elle, conséquemment en pure perte. Il faut être sur les lieux pour juger des projets de conquêtes que l'on rêve de temps à autres en France.

La masse des habitants actuels de cette république peut être divisée en deux classes.

La première, et la moins nombreuse, est composée de quelques anciens habitants blancs, d'hommes de couleur influents, de quelques noirs libres d'ancienne date et bien appris, qui ont suivi le torrent de la révolution de la colonie : ceux-là dirigent les autres, et ont tous intérêt à poursuivre l'indépendance du pays.

La seconde classe compose la masse du peuple dans la proportion de deux tiers noirs et un tiers de couleur ou à-peu-près. Les onze douzièmes de cette population sont une génération neuve, élevée dans le système exalté de liberté; et, pour la soutenir, tous sont indistinctement militaires, cultivateurs ou ouvriers! Cette génération prend indistinctement au besoin le fusil, la houe, ou le marteau. Je regarde comme très-difficile, pour ne pas dire impossible, d'amener cette masse d'hommes à un genre de dépendance qui heurterait de front leurs goûts actuels et leur paresse naturelle. Je dis paresse, parce que, hors leur service militaire, qui se fait par trimestre, ils ne font pres que rien et exigent beaucoup.

La force militaire de cette république peut s'élever à trente mille hommes, la garde du présidént comprise, distribués en autant de régiments (j'en ai les états), non compris les milices, qui embrassent tous les hommes en état de porter les armes et susceptibles d'être requis au besoin. Ces troupes ne tiendraient pas, je pense, contre des troupes européennes, que la mer et le climat épargneraient; mais, dans un pays comme Saint-Domingue, composé en majeure partie de mornes doubles et triples, tous hérissés de mamelons et couverts; dans un pays, dis-je, où la nature a tout fait pour les indigènes, façonnés par elle dans leurs personnes comme dans leurs besoins pour le terrain et le climat qu'ils habitent, les mornes seraient leurs refuges et le tombeau de tous corps européens qui les y suivraient. Ce moyen, quoi qu'en disent certains généraux, certains militaires qui ont fait la guerre à St-Domingue sans résultats satisfaisants pour la France, et qui probablement auraient un intérêt particulier à en provoquer la reprise; ce moyen, dis-je, est physiquement impraticable.

Je ne ferai pas l'injure au Roi ni à la France de penser qu'il faille traiter Saint-Domingue comme l'ont fait les Espagnols au Mexique, et sur ce pays même dont ils ont exterminé les indigènes. Ce système révoltant est heureusement loin de nos mœurs; l'humanité et la politique ont d'autres armes à employer.

Resterait donc à la France le moyen plus simple et plus facilement praticable du blocus général de la colonie. La France, à la vérité, nuirait beaucoup à ce pays, exercerait une partie de sa marine, sa marine même toute entière, en l'appliquant successivement à ce blocus, mais ne retirerait rien de la colonie, et dans toutes choses il faut un but d'utilité qui ne soit pas acheté trop cher.

Il faut encore prévoir le chapitre des événements. Les souverains ne sont pas toujours d'accord entre eux. Malgré la sainte alliance, une rupture peut survenir, et dans ce cas, que deviendrait le blocus? La France, obligée de retirer ses croisières, aurait fait des dépenses énormes, la colonie serait de nouveau inculte; où serait le but d'utilité?

Je le dis avec peine, la France, dans ses temps de troubles, dupe des machinations de ses ennemis, a gratuitement perdu la colonie de Saint-Domingue; et, dans l'impossibilité de la reconquérir, elle n'a rien fait depuis d'utile et de convenable pour se la rattacher, notamment la dernière commission. Et cependant ce gouvernement était disposé à traiter, mais de la part de la commission, particulièrement de son président; les vieux préjugés ont prévalu et ont tout gâté.

J'ai suffisamment, je pense, établi l'inutilité d'une nouvelle tentative sur Saint-Domingue à force armée; ce raisonnement, vu l'état présent des choses dans les deux pays, est si simple, qu'il saute et sautera de suite aux yeux de ceux qui voient ou qui voudront voir clair. Voilà ce que le conseil des ministres aurait pu prévoir et peser; voilà l'exposé juste qui aurait pu être soumis au Roi, et des instructions données en conséquence à la commission. Mais les divers mémoires demandés et produits aux ministres par des gens qui briguaient les emplois dans l'expédition qu'ils provoquaient, ont été faits en sens inverse d'un accommodement devenu indispensable. Les ministres ont basé leurs calculs, leurs raisonnements, leurs moyens, sur ces mémoires; ils ont été trompés, et involontairement ils ont trompé le Roi, en faisant déterminer une démarche qui, faite sous le seul point de vue convenable dans les circonstances, aurait eu le résultat qu'on en pouvait espérer. La commission aurait obtenu, par suite des conventions et des traités qui auraient été faits, une indemnité annuelle en faveur des propriétaires dépossessionnés. Cette indemnité, jointe à la pension que fait le gouvernement français aux colons refugiés, aurait fait cesser les plaintes, les récriminations, adouci l'amertume des privations, dissipé les haines, et fermé la porte à tous projets contraires aux intérêts des deux pays.

L'attitude actuelle de Saint-Domingue, la minorité récente de notre gouvernement dans la balance politique, ne laissent à la France que la voie d'un accommodement qui arrangerait tout le monde, et qui, en déjouant les mesures politiques prises contre ce rapprochement, serait réciproquement utile aux deux pays. C'est un coup d'état qui pourrait donner lieu à un autre dont la France retirerait de grands avantages, et qui pourrait rappeler la balance commerciale en sa faveur et sans charges.

Je crois, je suis fondé à croire qu'il serait

possible de renouer les négociations sur des bases que je communiquerai à mon retour. Le besoin d'un accord est, je pense, également senti des deux gouvernements. S'il est question de les reprendre, il faudra s'attendre, se préparer à trancher dans le vif. Du côté de la France, les vieux préjugés doivent être écartés; du côté de la colonie, la défiance doit disparaître, et tout ira bien. Il faudra mettre de côté tout le passé, prendre les choses au point où elles en sont, et partir de là. Rien du passé ne ressemble au présent. La philosophie, la philanthropie, qui depuis vingt-cinq ans ont bouleversé l'Europe et causé les malheurs de la France, ont jeté à Saint-Domingue des racines trop profondes, pour entreprendre de les extirper. Ce sont les deux idoles, les deux fétiches du pays. C'est de là qu'il faut partir, et tout peut aller rondement.

J'ai dit plus haut que cet accommodement serait un coup d'état qui pourrait en amener un autre. Je dois à cette assertion le développement qu'elle nécessite.

Saint-Domingue seule figurait dans la balance commerciale pour quatre-vingt millions par an en faveur de la France. L'Angleterre, en cherchant à faire perdre cet avantage à la France, et à le tourner à son profit, a jugé que l'abolition de la traite serait un sûr moyen d'y réussir. En traitant cette question, elle a également traité celle de l'abolition de l'esclavage, persuadée que le système de liberté et d'égalité sur lequel s'établissait la révolution en France, prévaudrait dans ses assemblées, se communiquerait à ses colonies, les bouleverserait, produirait l'abolition de l'esclavage dans ses possessions d'outre-mer, et avec elle l'anéantissement de la culture. L'Angleterre a réussi dans son projet ; elle a prononcé et fait adopter depuis, notamment par la France, l'abolition de la traite; mais elle a ajourné indéfiniment l'abolition de l'esclavage dans ses possessions d'outre-mer. M. de Wilberforce, avec tous ses principes et sa haute réputation de philanthropie, n'a été de bonne foi qu'envers son gouvernement, en secondant ses vues par le crédit de son éloquence. Le cabinet de Saint-James seul peut lui en tenir compte. Ceux même au profit desquels les constantes motions de M. de Wilberforce ont tourné, ne lui en doivent point compte. Il a parlé pour son pays et non pour eux individuellement. S'il en eût été autrement, il eût poursuivi avec la même ténacité l'abolition générale de l'esclavage; mais celle de la traite une fois reçue et adoptée, il s'est tu sur l'autre point. On ne peut se méprendre sur cette tactique politique, à moins de vouloir être volontairement dupe; car, loin de songer à l'abolition de l'esclavage, et la préparer par des moyens doux et successifs que requérait une telle mesure, et qui auraient dû être employés à Saint-Domingue, l'Angleterre a tout récemment employé des mesures coërcitives, imposantes, pour réprimer à la Jamaïque l'insurrection prête à y éclater, pour contenir les noirs dans la dépendance et l'esclavage, et a fait fusiller et pendre les auteurs de l'insurrection.

Mais la commotion est donnée; l'esprit de liberté de Saint-Domingue a pénétré dans les diverses îles sous le vent et du vent, dans toute l'Amérique méridionale.

La France aujourd'hui peut tirer un grand avantage du parti qui lui reste à prendre. C'est de prononcer le licenciement général de ses colonies, les dégager de leur serment d'allégeance envers la métropole, les déclarer libres et indépendantes, faire immédiatement avec chacune d'elles un traité privilégié de commerce et d'amitié. Le Roi se déclarerait, se ferait reconnaître protecteur de ces diverses fédérations. Ce système serait reçu par elles avec reconnaissance; il serait appuyé de l'Amérique méridionale d'un côté, dont l'émancipation ne paraît plus douteuse; par Saint-Domingue de l'autre; par les États-Unis même qui doivent à la France leur prospérité actuelle, qui lui doivent également de compter comme états sur la scène politique, et de marcher de front avec les autres puissances du monde. La république d'Haïti, qui devrait être sûre des franches intentions du Roi, d'après la démarche récente qu'il a bien voulu faire faire, le serait définitivement et sans autres motifs d'ombrages ni d'inquiétudes par le fait des mesures que je propose. Elles seraient pour elle une garantie évidemment solennelle et irrévocable du maintien de son état politique et de ses institutions, puisqu'elle serait notamment comprise dans le licenciement général. Elle trouverait en outre dans la France les moyens de réduire promptement son féroce antagoniste, et d'appeler au bénéfice de ses institutions, qui se montrent douces et paternelles, cette masse noire comprimée et gémissante sous la verge cruelle de son chef, qui n'a de l'humanité que la face. La philosophie, la philanthropie, soit fictive soit réelle, n'auraient aucuns motifs de réclamation. Le commerce interlope de l'introduction des noirs, et que fait même l'Angleterre sous pavillon étranger pour éluder son bill, serait sans objet; et, quelle que dût être la réduction de la culture dans les colonies émancipées par l'effet de ces mesures, la France, par ses rapports directs et privilégiés, rattraperait, peut-être au-delà, ce qu'elle a perdu et sans surcharges, multiplierait sa navigation, procurerait une plus grande activité à son industrie nationale par un plus grand débouché de ses productions, soit manufacturières, soit agricoles, cesserait d'être tributaire de l'étranger, et particulièrement de l'Angleterre, pour les matières premières; la France enfin pourrait devenir ce qu'est aujourd'hui l'Angleterre, *le marché de l'Europe.*

Les colonies, de leur côté, trouveraient tous les avantages qu'elles peuvent espérer de ce nouvel ordre de choses que je propose; abondance de tout ce qui peut leur être nécessaire en denrées ou objets manufacturés d'Europe, principalement de la France, et à meilleur compte, un plus grand débouché de leurs productions, de plus grands moyens de civilisation, en attirant à elle les gens à talents, en protégeant et en encourageant les arts.

A l'instar des villes anséatiques, les colonies reconnues libres et indépendantes auraient soin, dans toutes les querelles politiques étrangères à elles, d'observer la plus exacte neutralité; leurs pavillons paraîtraient avec sûreté et dans toutes les circonstances sur les mers, sur-tout si ce principe de droit naturel, de droit des gens, que *le pavillon couvre la marchandise* (1), peut être reconnu

(1) Ce principe, que *le pavillon couvre la marchandise,*

et observé par toutes les puissances maritimes.

Cette émancipation générale dont le renouvellement de l'abolition de la traite et celle de l'esclavage serait la conséquence nécessaire, et la condition expresse et immédiate, commanderait des mesures qui préviendraient toutes commotions brusques.

Tout en fixant les droits politiques et l'état futur des colonies émancipées et des affranchis, il faudrait également régler les intérêts des propriétaires actuels. Ce serait des mesures d'administration intérieure entre elles et leurs administrés.

Le monarque, par une détermination qui dépend seule de sa volonté royale, signalerait son règne par un coup d'état qui cicatriserait promptement les plaies de la France, qui vaudrait à sa majesté la reconnaissance et les bénédictions des générations actuelles appelées à jouir de ce grand bienfait, et de celles à venir. Cet acte

---

devrait être l'objet de la sollicitude et de la provocation de toutes les puissances maritimes et autres; elles ont toutes un intérêt majeur à le reconnaître et à le consacrer. L'Angleterre seule pourra se trouver en opposition sur cet article, parce qu'elle tient à son système exclusif fondé sur sa seule force. Mais la force n'est pas justice; et dans un congrès général où cette question d'état de la plus haute importance serait discutée, le vœu général, celui de l'Angleterre seule excepté, ne serait pas douteux et ferait loi.

magnanime mériterait à sa majesté le titre glorieux, et préférable à tout autre, de restaurateur de l'humanité. Ce coup d'état dont, sous les rapports politiques ou autrement, le roi ne devrait compte à aucune puissance, vaudrait mieux à la France que de nombreuses armées, que de brillantes conquêtes, qui coûtent si cher au vainqueur, et que tôt ou tard il faut restituer.

Osons le dire, cette mesure est indiquée par la position actuelle de la France vis-à-vis des autres puissances de l'Europe, par la force des choses dans les colonies, par l'esprit d'indépendance qui y fermente, et qui, tôt ou tard, doit éclater, par l'exemple de Saint-Domingue, par celui plus étendu encore de l'Amérique méridionale, contre lequel l'Espagne s'épuise en efforts probablement inutiles.

Le Roi préviendrait un événement qui se prépare de lui-même, événement qui serait en pure perte pour la France, quand elle peut en tirer tous les avantages, et sa majesté toute la gloire et tous les honneurs; le Roi enfin, sous les rapports de la saine philosophie qu'il professe, préviendrait les effets désastreux des insurrections, qui traînent à leur suite le meurtre, le carnage, les incendies, et tous les genres calamiteux de destruction.

Si ces réflexions, si ces observations que m'ont suggérées l'intérêt de mon pays et de l'humanité peuvent parvenir aux pieds du trône, elles seront, j'ose l'espérer, accueillies avec quelque bonté de la part du monarque. Sa majesté y verra le dévouement d'un sujet fidèle, aussi desireux de contribuer à la prospérité de la France, qu'à la gloire de son Roi.

ARMÉE

DE LA RÉPUBLIQUE D'HAÏTI.

L'armée de la république d'Haïti est composée d'environ trente mille hommes, la garde du président comprise; savoir :

GARDE DU PRÉSIDENT.	Effectif.	Doit être portée au complet de
	hommes.	hommes.
1 Rég. de grenad. à cheval.	300	500
1 *id.* de chasseurs à cheval.	300	500
1 *id.* de grenadiers à pied.	1,500	2,000
1 *id.* de chasseurs à pied..	1,500	2,000
4 Régiments............	3,600	5,000
ARMÉE DE LIGNE.		
INFANTERIE.		
2 Régiments d'artillerie...	2,000	2,000
24 *idem* d'infanterie......	24,000	48,000
CAVALERIE.		
2 Régiments de dragons..	600	1,000
GENDARMERIE.		
Faisant le service à pied et à cheval, répartie dans les chefs-lieux...	400	2,000
28 Régiments.............	30,600	58,000

Ces trente-deux régiments offrent un effectif

de *trente mille six cents hommes* sous les armes, susceptibles d'être recrutés de pareil nombre au besoin par les milices. Cette force armée doit être progressivement portée au complet d'environ 60,000 hommes, dont le quart seul, dans le système actuel de ce gouvernement qui a réglé le service par trimestre, système qui probablement sera suivi, figure dans le budget de la guerre.

La garde du président est bien habillée, bien armée, bien montée, les uniformes beaux, et d'un goût distingué, les hommes choisis, la majeure partie noirs, parmi lesquels beaucoup de transfuges du parti de Christophe, les autres de couleur.

L'armée de ligne est habillée à la française, mêmes uniformes que les armées françaises sous Buonaparte. Elle est presqu'en totalité composée de noirs, dont plusieurs régiments sont en majeure partie des transfuges. Ces troupes sont coiffées en schakos, faits dans le pays, pantalons de toile, et vont les pieds nus; point d'havre-sac, et point de bagages.

Ces troupes font le service par trimestre dans les chefs-lieux, reçoivent la paie d'un gourdin par jour (19 sols de notre monnaie). Hors de ce service, les militaires ne reçoivent rien, et se livrent aux travaux de l'agriculture, à ceux du commerce, à ceux publics, chacun selon sa capacité, son genre d'industrie ou son goût.

Ces troupes sont assez bien armées.

Le magasin général, les arsenaux sont pourvus abondamment de tout. Je les ai visités en détail; ils tiennent la majeure partie de leurs fournitures des États-Unis, de l'Angleterre et de l'Allemagne.

Le confectionnement de l'habillement et de la coiffure se fait à la colonie même. Plus de deux mille ouvriers de couleurs et noirs, presque tous du pays, sont employés à ces divers travaux.

Ces troupes disciplinées sous les rapports de la police et de la hiérarchie militaire, sont loin du degré de la science et de la précision des troupes européennes. Le courage, la frugalité et la force de leur constitution leur en tiennent lieu. La guerre de plaine ne leur pourrait convenir, mais en revanche celle de mornes, de bois, de buissons, de gorges et de ravins dont le pays est couvert, serait leur fait, leur ressource et la seule guerre qu'ils offriraient à faire. Une patate, une banane dans leur schakos; ils marchent piés nus, sur des chemins presque tous rocailleux et sans s'agraver; supportent aisément la chaleur brûlante du soleil, celle réfléchie non moins incommode de la terre; passent à gué les innombrables rivières et ruisseaux qui se rencontrent (1); bivoua-

---

(1) De Léogane à Jacmel, distantes l'une de l'autre de

quent au milieu des fortes rosées et sans inconvénient pour eux, recommencent le lendemain, et peuvent soutenir toute une campagne la même fatigue, les mêmes privations. Quelle différence de nos troupes européennes, et quelle masse prodigieuse et successive de militaires il y aurait à opposer à celle de la colonie pour la réduire! Tel serait pour la France le désagrément d'une tentative à force armée; tel serait, à coup sûr, le résultat d'une pareille guerre : épuisement d'hommes, de finances, de matériel d'armées de terre et de mer, et pour tout dédommagement en cas de réussite, seulement un pays ravagé, de nouveau inculte, et aucuns moyens de le rétablir, de le cultiver.

ARMÉE DE MER.

Les forces navales de cette république consistent en une frégate de quarante-quatre canons, deux corvettes, dont une de premier

14 lieues, il y a de 80 à 90 passes d'eau, soit par la route de Tavette, soit par celle du Gros-Morne : il y en a un tiers de plus par celle des Citronniers. Du Port-au-Prince aux Cayes, des Cayes à Jacmel, de Léogane aux Cayes, prenez le pays en long ou en travers, c'est dans la même proportion.

rang, et plusieurs bâtiments légers en croisière, chargés de la protection des côtes, et de celle du grand et petit cabotage.

La marine, encore dans son enfance, sera organisée dans ses parties militaire et civile à l'instar de celle de France.

POPULATION

DE LA RÉPUBIQUE D'HAÏTI.

La population de cette république s'accroît avec une prodigieuse rapidité. Outre l'influence du climat qui pousse à la propagation, l'état de paix dans lequel existe le gouvernement, quoique constamment en garde contre toutes agressions quelconques, l'abondance des articles d'Europe en tous genres, qui satisfont leurs goûts, et leur procurent un débouché avantageux de leurs denrées; ces divers moyens qui leur donnent l'aisance et la gaieté, contribuent également à la propagation de l'espèce.

La population de toute la partie de l'ouest et du sud peut s'élever, à vue de pays, *à trois cent mille ames*, des deux sexes et de tout âge, dont quatre-vingt mille hommes de seize à cinquante ans, armée de ligne comprise, peuvent être requis au besoin, et employés à la défense du pays (1). Cette population s'accroît encore jour-

---

(1) C'est moins en parcourant le pays, que les jours de marchés et de fêtes, qu'on peut juger de la population disséminée sur chaque partie. Ces jours-là, à deux et trois lieues à la ronde de chaque chef-lieu, les routes, comme par le passé, sont couvertes sans interruption de gens des deux sexes, qui vont vendre et acheter dans les villes. Vou-

nellement des émigrations partielles de la partie du nord sur celle du sud et de l'ouest.

Je n'ai pu me procurer les états de population par dénombrement ; mais les renseignements que j'ai recueillis dans chaque chef-lieu, m'ont mis à même d'apprécier assez sûrement la population générale.

---

lant juger si cette affluence comportait ou à-peu-près la population des campagnes, ou y faisait un vide sensible, je me suis souvent écarté de ma route, j'ai visité les habitations, les endroits cultivés; il n'y paraissait pas : par-tout j'ai trouvé les manoirs, les jardins garnis d'hommes, de femmes, d'enfants occupés des travaux du ménage et de la culture.

CULTURE.

La culture, ainsi que je l'ai dit dans le chapitre premier, ne peut aller que lentement. Cependant on défriche sur tous les points. Des sucreries s'élèvent dans les plaines sur les débris et en partie des matériaux des anciennes. Déja l'on compte dans l'arrondissement du Port-au-Prince et plaines adjacentes, soixante-dix sucreries roulantes. L'arrondissement des Cayes, celui de Léogane à proportion. Le canton de Jacmel est jusqu'ici insignifiant pour cette partie; la position du terrain y prête moins. En revanche, les cafés y abondent. Les défrichements vont plus vîte dans les mornes. Le systême des petites propriétés y contribue beaucoup. Saint-Domingue sera incessamment celle des îles des deux Amériques qui produira le plus en café. Il manque à cette colonie un réglement sur la culture qui fixe les engagements des travailleurs envers les propriétaires, et les obligations de ceux-ci envers leurs ouvriers, et ne laisse pas la culture et les récoltes à la merci de la paresse, de la cupidité ou de la mauvaise foi. Un code également des délits et peines appuiera ce réglement, et tout ira mieux.

COMMERCE.

Le commerce est plus avancé que la culture; les besoins en tous genres contribuent à ce développement; mais les moyens d'échange ne sont pas en proportion des besoins, ce qui insensiblement éloignerait les étrangers, si les produits du sol n'arrivaient pas à suffire aux échanges, ou si maintenus, quant aux prix, dans une proportion hors de mesure, comparativement avec leurs prix en Europe, ils n'offraient que de la perte ou des retours rendus encore plus onéreux par des longueurs de séjours dans les ports. Le commerce se divise en gros et en détail. Chaque genre d'affaires est assujetti à une patente annuelle depuis quinze jusqu'à 300 gourdes pour les Haïtiens, et du quadruple prix pour les étrangers. Les bâtiments étrangers sont tenus de se consigner à une maison de gros payant patente de consignation. La commission est de cinq pour cent sur la vente, et de deux et demi pour cent sur les achats en retour; en outre, le gouvernement fait une retenue d'un et demi pour cent sur l'évaluation des cargaisons à l'arrivée; laquelle évaluation est faite d'après le tarif des droits, sauf quelques articles désignés dans ce tarif, dont les droits sont perçus sur le prix de facture, susceptible d'une évaluation arbitraire, si les factures sont présumées au-dessous de leurs valeurs.

Les droits d'importation sont pour toutes les nations étrangères (l'Angleterre exceptée) de dix pour cent, pris, comme est dit ci-dessus, sur l'évaluation des objets fixée au tarif (1). En outre, on a à payer les droits de warfage (mise à quai), ceux de pesage, jaugeage, ou de cubage, depuis le demi-escalin jusqu'à une gourde de la colonie, par chaque article, et selon l'espèce.

Les droits d'exportation sur les denrées ou articles du pays, se payent depuis une jusqu'à 30 gourdes, selon les espèces. Ces droits sont pour les articles principaux, savoir :

	gourdes.		gourdes.
Bois de campêche, le millier	3	Gingembre, le millier.	15
dito de gayac, *idem*. .	3	Gomme de gayac, *id.*	15
dito d'acajou les mille pieds cubes réduits.	25	Huile de Palma-Christi, le galon	1
Café, le millier	20	Indigo, le cent.	8
Coton en laine, *id.*	30	Sucre brut, le millier.	10
Cacao, *idem*.	15	*idem*, terré, *idem*. . .	1
Casse médicinale, *id.*	10	Farine de manioc, le cent	1
Cire jaune, *idem*. . . .	30		cens.
Écailles de carette, le cent.	20	Orange, le baril. . . .	75
		Citron, *idem*.	75

(1) L'Angleterre a obtenu pour ses bâtiments de commerce de ne payer que cinq pour cent de droit. Il y a lieu de croire que cet avantage a été la condition de la reconnaissance faite en conseil privé du roi, de la république d'Haïti.

Articles francs de droits à l'importation prohibés à l'exportation.

Armes blanches et à feu.
Cuivre
Fer.
Munitions et autres articles de guerre.

TONNAGE.

	gourdes.
Les bâtiments de 200 tonneaux et au-dessus	12
Ceux de 199 tonneaux et au-dessous...	

Outre les droits ci-dessus, les denrées coloniales doivent un impôt territorial qui se perçoit au départ, et que l'acheteur est autorisé à retenir sur le montant de ses achats, à moins que le vendeur ne justifie de l'acquit de ce droit, ou qu'il vende franc de droit. Le tarif de ce droit est comme suit, savoir :

	gourdes.		gourdes.
Par millier de café.	16	Par mill^er^ de cire jaune.	10
Par *idem* de coton..	16	Par *idem* de gingembre.	5
Par *idem* de cacao..	8		cens.
Par *idem* de sucre..	8	Le baril de maïs....	25
Par *id.* de campêche.	3	Le galon d'huile de Palma-Christi....	25
Par *idem* de gayac..	3		

Tous les droits, soit d'importation ou d'exportation, se perçoivent au départ des bâtiments.

Commerce de chaque chef-lieu. Description et importance de chacun d'eux.

PORT-AU-PRINCE.

Le Port-au-Prince, ville de la partie de l'ouest et capitale de la république d'Haïti, est le siége du gouvernement. Le président, les ministres de la justice, de la guerre et des finances y résident. Le sénat, le corps législatif y tiennent annuellement leurs séances. Le Port-au-Prince a des tribunaux de première instance et d'appel pour son arrondissement, un tribunal de cassation pour toute cette république, des juges de paix, des commissaires de police. L'instruction de la jeunesse est une des sollicitudes premières de ce gouvernement. Le Port-au-Prince a maintenant un collége, plusieurs écoles dans divers quartiers de la ville, plusieurs maisons d'éducation de garçons et de filles, un établissement d'enseignement mutuel.

La ville du Port-au-Prince est à peu de chose près ce qu'elle était jadis. Les ravages, les destructions d'une partie des maisons par les flammes, les guerres, les ouragans auxquels le pays a été exposé, sont en majeure partie réparés. Les rues, les places sont les mêmes. De nouveaux édifices sont bâtis et se bâtissent journellement des débris et sur l'emplacement des anciens. La partie sanitaire, qui avait été négligée jusqu'alors, a causé une épidémie, qui, en cette année 1817 à 1818, a moissonné en six mois le quart des habitants de la ville et beaucoup d'étrangers. On s'occupe actuellement et avec activité des moyens d'assainir le pays.

Le commerce se fait en grand au Port-au-Prince, et plus en grand que dans les autres villes, en ce qu'outre les produits de son arrondissement, le Port-au-Prince participe encore des ressources et du produit des autres places. Le haut commerce, celui de consignation, sont partagés entre des maisons haïtiennes et des maisons étrangères, la plupart anglaises. Ces dernières, commanditées par des capitalistes de Londres et avec des crédits illimités, ont un grand avantage sur les autres dans les achats des denrées du pays, dont ils font augmenter le prix selon les circonstances. Il n'en est pas de même de leurs étoffes ou autres objets de leurs manufactures. Ceux de France sont aujourd'hui préférés. L'on rend enfin justice à leurs meilleures qualités, et les avantages des uns sont compensés par ceux des autres. Il y a plus, c'est que la France doit incessamment faire tomber les grandes fournitures anglaises, surtout s'il peut y avoir un arrangement entre elle et cette colonie.

Le café du Port-au-Prince, j'entends celui des mornes environnants, est meilleur que celui des Cayes, Cavaillon excepté, et particulièrement que celui de Jacmel. Ces trois places tirent en outre, concurremment ensemble, les cafés de Jérémie, de l'Anse-à-Veau, des grand et petit Goave, de Cavaillon, de Bénay, et des autres petites paroisses de ces endroits. Il en est de même des cotons qui, par ce rassemblement de cet article des divers cantons, forment des différences dans les qualités, qui doivent rendre difficile sur le choix, et circonspect dans les achats, sur-tout s'abstenir d'acheter sur échantillon, moyen qui fournit souvent matière à difficulté; et en cas de contestation, l'étranger est par fois obligé d'abandonner le bon droit aux prétentions de la mauvaise foi. Ces abus disparaîtront à mesure que l'état prendra de la force.

L'exploitation en sucre s'accroît avec rapidité dans le canton du Port-au-Prince, et plaines adjacentes. On y compte actuellement soixante-dix sucreries roulantes. La fabrication du sucre s'améliore chez la plupart des propriétaires. Je m'en suis assuré par moi-même; mais ils pèchent dans la manière de purger leur sucre fabriqué, comme on le verra dans le chapitre suivant. Sur mes observations, j'ai été appelé, j'ai assisté à la cuite de plusieurs rondes : la préparation, pour le plus prompt et le meilleur épurement du vezou (jus de la canne), est préférable aux procédés passés; il consiste dans une infusion de l'écorce intérieure de l'orme du pays dans l'eau, amenée au degré de fermentation nécessaire, et dans les vingt-quatre heures : l'une et l'autre dans une proportion donnée, comparativement à la quantité de vezou que l'on a à cuire. Jusqu'ici les cultivateurs ont fait leur préparation de cette eau d'épurement à-peu-près comme nos vignerons font le vin, c'est-à-dire à la mesure de leurs doigts. Je leur ai indiqué l'usage de l'aréomètre, comme vrai moyen d'amener cette préparation à son plus grand et plus sûr perfectionnement. Je suis chargé de leur en envoyer. S'ils épurent bien leur vezou, ils pèchent dans la manière de purger leur sucre fabriqué, comme on le verra dans le chapitre suivant.

Il n'y a pas encore de maisons françaises, proprement dites, ou avouées telles dans les chefs-lieux; cependant l'étranger, de quelque nation qu'il soit, peut s'y établir, ainsi que je l'ai dit dans le chapitre précédent, moyennant une patente annuelle du prix énorme de douze cents gourdes (6682 fr. 50 c. argent de France) pour le commerce de gros et de consignation. Cette loi sur les patentes, celle sur les droits d'importation et d'exportation, recevront sûrement des modifications; l'intérêt, comme la politique de cet état naissant, le requièrent et le lui commandent.

Du reste, l'hospitalité est religieusement observée dans toute cette république; l'étranger y trouve appui, protection et égards; les routes sont sûres de jour et de nuit, les délits très-rares : on peut aller et venir avec toute sécurité.

LES CAYES, DITES DU FOND.

Cette ville, appelée de ce nom, chef-lieu de la partie du sud, est située en plat pays, au bord de la mer; elle est belle, bien bâtie, les rues vastes, tirées au cordeau et propres.

Cette ville est l'entrepôt principal et le grand marché de la partie du sud. Le commerce s'y fait de la même manière qu'au Port-au-Prince. Tout s'y vend bien, vîte et en grand. Les retours également s'y présentent en grand, les exploitations y étant multipliées en café, coton et en sucre. Le café, sur-tout celui de Cavaillon, est préférable à celui de Jacmel. Le coton peut aller de pair, en ce que l'un et l'autre endroit tirent de la côte de Fer et d'Aquin. Quant au coton de chacun des deux pays, les Cayes et Jacmel, celui des Cayes est préférable en ce qu'il est plus long.

Le sucre des Cayes est, comme par le passé, peu grainé et mou; de plus, il se ressent de l'inexpérience des nouveaux sucriers (il en reste peu d'anciens). Outre le degré convenable de cuisson qu'ils manquent par fois d'atteindre, les propriétaires dans cette partie, comme dans celle du Port-au-Prince, ne purgent pas en forme, mais en grands baquets quarrés; le vezou aussitôt consolidé, cristallisé, à peine refroidi, est mis en boucaults, les boucaults foncés d'un bout seulement qui est troué, sont mis debout sur des égoutoirs; le bout d'en haut à découvert; il en résulte que le gros sirop, arrivant sur le fond d'en bas, ne passe pas, forme masse, et fait obstacle à l'épurement nécessaire : de là vient la décomposition du sucre dans la traversée, et du déchet énorme qu'éprouvent les acheteurs.

En purgeant en forme, en dégageant de temps à autre la tête de la forme par l'introduction d'une broche, ainsi que cela se pratiquait, et se pratique dans nos rafineries en Europe, on facilite l'écoulement du sirop. Celles des têtes des pains qui n'auraient pas assez purgé, seraient, comme par le passé, cassées et passées de nouveau aux chaudières dans une nouvelle ronde ou cuite suivante.

De cette manière, on serait sûr d'enfutailler un sucre concret sec, qui, par sa qualité et son meilleur prix dans le commerce, dédommagerait amplement les propriétaires des déchets qu'ils veulent éviter.

JACMEL.

Cette ville est l'entrepôt de la partie de l'est de la république d'Haïti, et fait en conséquence un commerce assez considérable. La culture de la canne à sucre est à-peu-près nulle dans cet arrondissement, le terrain ne le comporte pas. C'est un pays totalement montueux, hérissé de doubles et triples mornes; en revanche les cafés y abondent, et de qualités plus ou moins bonnes, selon l'exposition des caféyères, le soin et la manière de les cultiver. La culture du coton y prend aussi de l'activité : ces deux productions dédommageront de celle du sucre, qui ne peut y recevoir une extension importante.

Le marché de Jacmel est assez considérable; il offre un grand débouché aux articles d'Europe; mais plus circonscrit dans ses moyens d'échange que le Port-au-Prince et que les Cayes, les escales doivent y être de plus longue durée.

LÉOGANE.

Cette ville, au centre des états de la république d'Haïti, est située au milieu d'une vaste plaine, bornée au sud et au nord par des mornes immenses, et appuyée à l'ouest sur la mer à une demi-lieue de distance.

Cette ville, totalement brûlée et dévastée au temps et par les ordres de Dessalines, d'odieuse mémoire, est en majeure partie rétablie sur son ancien plan. Elle n'a point de port, mais seulement une rade foraine qui n'en peut faire, et jusqu'à nouvel ordre, qu'un point secondaire.

La plaine de Léogane, jadis si fertile, si bien meublée de riches habitations, toutes détruites par les guerres intestines, auxquelles la colonie a été en proie; cette plaine, dis-je, commence à se défricher. Mais tout y est à faire, les eaux seules ont resté; les débris des moulins, des usines, des grandes cases, les ustensiles et machines de moulins épars, çà et là, annoncent la grandeur de leurs ruines, et l'importance des produits passés de cette belle contrée; c'est le plus beau pays, et l'un des plus agréables et des plus sains de la partie de l'ouest et du sud de Saint-Domingue à habiter.

Le marché de Léogane est important comme point central entre Jacmel et le Port-au-Prince, ces deux dernières places y viennent faire la majeure partie des affaires du pays. La communication par terre entre ces trois places est facile et prompte. Dix lieues d'un côté et quatorze lieues de l'autre pour venir soit du Port-au-Prince, soit de Jacmel à Léogane; une demi-journée en fait l'affaire.

Léogane a tous les éléments d'une vaste culture en sucre, en café, en coton, en indigo. La terre n'attend que des bras, que l'accroissement seul de la population indigène peut lui donner, et un état de sûreté et de tranquillité qui en assure les progrès.

Transactions commerciales. Jours principaux de ventes, d'achats et de recouvrements. Monnaie du pays.

Les transactions commerciales consistent principalement dans le commerce d'échanges des denrées ou objets manufacturés d'Europe contre les denrées du pays. Celles par billets, lettres-de-change ou opérations de banque sont à-peu-près nulles. Les ventes comme les achats se stipulent en gourdes. La gourde du pays, en monnaie courante, mise en circulation, est de cent cens, représentés par quatre gourdins de vingt-cinq cens chaque, ou de huit escalins ou quarts de gourdins, et finalement de seize demi-escalins, improprement appelés *trois sous*. Ces trois espèces de monnaies ont été jusqu'à ce jour les seules mises en circulation, et la seule monnaie du gouvernement ayant cours forcé. L'état n'a pas fait frapper de gourdes d'une seule pièce de la valeur de quatre gourdins; c'est moins par défaut de matière, que par système politique de finance que la gourde d'une seule pièce n'existe pas.

En transactions commerciales, la gourde est prise sur l'ancien prix, 8 liv. 5 sous argent colonial, 5 fr. 25 centimes argent de France. Les balances se font en gourdes effectives du pays.

L'usage des recouvrements pour les ventes dans les villes est tous les lundis. Les marchés dans chaque canton sont tous les samedis. Le dimanche est également un jour de rassemblement. Ces deux jours-là sont employés par les habitants du dehors à venir vendre leurs denrées, faire leurs achats, payer ou donner des à-comptes.

RELIGION.

La religion du pays est la catholique romaine. Dans le systême libéral de la république d'Haïti, la liberté des opinions religieuses est pleine et entière ; il appartient à celle qui est dominante dans l'île de ramener tous les esprits à un centre d'unité qui écarte les discussions, les dissensions, sans néanmoins porter atteinte à la liberté des cultes. Dans un état naissant, où la masse du peuple est sans instruction, la religion doit tenir une place importante, comme source de la saine morale, de l'esprit de concorde et de conciliation qui, en politique comme en famille, doit et devrait régler toutes les actions de la vie. Le choix des ecclésiastiques est donc d'une importance première. Dans tout état quelconque il faut des ministres de mœurs pures, irréprochables, qui sachent faire marcher de front la politique avec le culte dû au créateur; des ministres d'un esprit tolérant, religieux sans fanatisme, qualités essentielles, indispensables que requiert le ministère sacré de l'autel.

Ces qualités sont plus spécialement importantes à Haïti où, d'un côté le fanatisme et la superstition m'ont paru abuser trop facilement de l'ignorance et de la crédulité; où de l'autre, le relâchement des mœurs nécessite une réforme que doivent opérer l'exemple de la part des chefs ou personnes en évidence, et les sages avis de pasteurs dignes de la confiance du gouvernement et de celle particulière des habitants.

ROYAUME D'HAÏTI.

Ce royaume, ou pour parler plus exactement, ce simulacre de royaume comprend toute la partie du nord jusqu'au Cap Saint-Nicolas. La plaine de l'Artibonite, celle de Saint-Marc jusqu'aux quartiers de l'Arcahay et du Boncassin, cantons aujourd'hui incultes, inhabités dans un espace d'environ vingt lieues et barrières que, sans convention, sans traité et à la suite des guerres qui se sont faites, les deux états ont mis entre eux. Les postes avancés de Christophe sont sur l'extrémité nord du terrain ci-dessus, ceux de la république d'Haïti sur l'extrémité sud.

Je n'ai pas été à même de pénétrer dans la partie de Christophe, la vie des Européens y est par fois compromise. Celle des Français y serait bien autrement exposée. Des renseignements directs recueillis de transfuges, et qui n'ont eu d'autre intérêt que celui de se venger d'un gouvernement barbare, en disant la vérité toute entière; ces renseignements, dis-je, m'ont paru dignes de foi et m'ont donné les détails suivants.

La population de cette contrée ne s'élève pas au-delà de trois cent mille ames, beaucoup d'infirmes, de vieillards qui s'éteignent dans la misère.

Le gouvernement de Christophe est absolument despotique. Les noirs, soit militaires, soit cultivateurs y sont tenus, traités avec une sévérité sans exemple dans les annales de Saint-Domingue. Il en résulte une grande désertion d'hommes de ces deux classes qui viennent se ranger sous les bannières de la république d'Haïti. Les forces de la partie du sud s'augmentent progressivement de celles du nord, ce qui porte à croire que la république d'Haïti est appelée à anéantir le royaume de ce pays.

La culture est dans la proportion de celle du sud et de l'ouest, peut-être même le nord fait-il davantage ; mais il n'a pas les mêmes éléments d'accroissement. Il doit être arrêté dans sa marche par la rigidité même du gouvernement de son chef, par la ruse et la mauvaise foi qui président au partage des denrées, et au réglement du paiement des ouvriers, ce qui les dégoûte et les exaspère.

La force armée peut balancer en nombre celle de la république. On n'a pu m'en donner les états ; on l'évalue de vingt-cinq à trente mille hommes de toutes armes, la garde de Sa Majesté noire comprise.

L'Angleterre est celle des nations européennes qui fréquente le plus cette contrée, et en est la mieux traitée. C'est l'Angleterre, concurremment avec les États-Unis, qui fournit à ce royaume toutes les munitions de guerre soit de terre, soit de mer; et tous les articles de consommation en comestibles comme en marchandises sèches.

CONCLUSIONS.

Je ne fais pas le moindre doute qu'en traitant avec la république d'Haïti, cet état, aidé de la France, ne parvienne promptement à réduire Christophe, et à anéantir son gouvernement. On peut compter sur la défection d'une grande partie de son armée en faveur de celle de la république. Deux gouvernements si opposés ne peuvent exister si près l'un de l'autre, l'un des deux porte nécessairement avec lui le germe de sa destruction. Les institutions de la république haïtienne se montrent douces et paternelles. Le gouvernement de Christophe est féroce et barbare. Le parti des hommes de couleur doit donc avoir le dessus. Les deux états, alors réunis en un seul, offriront à la France, par les traités à stipuler, toutes les garanties nécessaires en réciprocité de celles que donnera la France. Le sang français coule dans les veines des hommes de couleur : mêmes usages, mêmes goûts, même langage, même religion. Le sentiment si naturel de la paternité comme de l'amour filial est loin d'être éteint de part et d'autre; il se manifeste si évidemment dans les occasions qui fréquemment se présentent, qu'on peut le regarder comme une disposition préliminaire à un traité qui concilierait tout, qui rendrait le calme, la tranquillité à cette colonie, et contribuerait à la prospérité de Saint-Domingue haïtienne. Outre les liens du sang, outre les motifs justes et politiques qui doivent porter les hommes de couleur à ce traité, ils préféreront tenir à la France comme la première nation de l'Europe sous les rapports de la civilisation et des ressources territoriales et industrielles.

FIN.

www.ingramcontent.com/pod-product-compliance
Ingram Content Group UK Ltd.
Pitfield, Milton Keynes, MK11 3LW, UK
UKHW020215200726
13856UKWH00004B/1401

9 782012 462922